CÓMO SER UNA MUJER DE

CÓMO SER UNA MUJER DE

FE

CYNTHIA HEALD

BETANIA

Un Sello de Editorial Caribe

Betania es un sello de Editorial Caribe

© 2001 Editorial Caribe
Una división de Thomas Nelson, Inc.
Nashville, TN—Miami, FL (EE.UU.
www.caribebetania.com

Título en inglés:*Becoming a Woman of Faith*
© 2000 Cynthia Heald
Publicado por Thomas Nelson Publishers

Traductor: Guillermo Vásquez

ISBN: 0-88113-657-3

Impreso en EE.UU.
Printed in U.S.A.

5ª Impresión

CONTENIDO

Cómo Usar Esta Guía de Estudio

❧

Este estudio bíblico tiene el propósito de ayudarles a escudriñar las Escrituras y llevarles más cerca de Dios, a medida que crezcan en el entendimiento y práctica de su fe. Todo lo que necesitan es una Biblia, materiales para escribir y un corazón expectante. Pueden encontrar de utilidad, sin embargo, tener acceso a recursos suplementarios tales como un buen diccionario, un comentario general de la Biblia, un manual bíblico o una Biblia de estudio con anotaciones de referencia.

Cómo ser una mujer de fe es una guía de estudio apropiada para ser utilizada tanto individualmente como en grupo, y para mujeres de cualquier edad y condición. Antes de comenzar cada capítulo, ore pidiendo atención para entender cómo Dios le habla a través de su Palabra, y sensibilidad para aceptar sus demandas. Al concluir cada capítulo, tendrá la oportunidad de escribir un versículo favorito del pasaje en estudio. Al meditar en esta selección personal y orar por ella, pida que Dios le ayude a usarla para fortalecer su fe. Si añade a esta práctica la memorización de versículos, esto le ayudará a estar en Cristo día a día a medida que su verdad more profundamente en su mente y en su corazón.

Se han seleccionado citas de escritores cristianos para ayudarle a entender el contenido bíblico de cada capítulo y mejorar así su respuesta personal a la Palabra de Dios. Considere usar la sección de «Notas» al final de este libro como un recurso para posteriores lecturas devocionales y estudios.

La Biblia habla mucho de la importancia de aprender de los demás y de animarse los unos a los otros en la comunidad de creyentes. Si va a usar este estudio con un grupo pequeño, las preguntas y ejercicios le darán excelentes oportunidades para hablar y orar juntas sobre cómo profundizar su confianza en la fidelidad de Dios.

$\mathscr{P}$ REFACIO

Si la fe significa confiar en algo que no podemos saber o probar en lo absoluto que es verdad, todos, en diferentes grados, ejercemos fe en nuestra vida diaria. Si no tuviéramos fe en que hay un propósito para nuestra vida, más allá de las circunstancias inmediatas, la vida al final nos parecería vacía y sin significado.

La fe involucra absoluta confianza en su objeto. Hay una fuerte convicción de que lo que creemos es digno de nuestra absoluta confianza. Cuando pongo mi fe en otra persona, confío en que ella será fiel a su carácter y a sus promesas. La vida nos confronta continuamente con momentos de decisión en los que tenemos que decidir dónde y en quién debemos poner nuestra confianza. En un mundo que promueve activamente toda clase de sistemas de creencias, es muy importante que busquemos diligentemente el objeto más digno de la confianza de nuestra fe.

En el libro *Cómo ser una mujer de fe*, ustedes tendrán la oportunidad de considerar algunas verdades de la Biblia en relación con el amor y la fidelidad de Dios. Su respuesta inicial de fe al aceptar el regalo de Dios de la salvación, les lleva a un viaje hacia lo más alto y lo mejor. Pero esta fe no está limitada a un solo encuentro con el Señor. Gracias a la fidelidad de Dios, su confianza puede crecer hasta dar el fruto de una fe vibrante y viva. La verdadera fe rodeará sus decisiones y acciones, les protegerá del enemigo, dará poder a sus oraciones y les capacitará para resistir las pruebas, las tentaciones y aun las dudas.

Para mí, lo más destacado de este estudio ha sido la mirada introspectiva a la vida de los santos, mencionadas en el Salón de la Fe de Hebreos 11. Me sentí estimulada grandemente por aquellos hombres y mujeres que estuvieron dispuestos a ir a lugares desconocidos, a arriesgarlo todo para esconder a espías enemigos y a soportar valientemente prisiones y destierros, todo por Aquel en quien habían puesto su confianza. He pasado revista una y otra vez a estos valientes héroes, cuya fe les dio el poder para vivir y para morir por Dios.

Este estudio me ha cambiado, renovado y animado para continuar creciendo en mi fe, y para seguir viviendo por fe. El entendimiento de que mi fe puede ser profundizada y llegar a ser aun más preciosa, me ha llevado más cerca del Señor y me ha dado más esperanza. Ahora tengo un nuevo sentido del llamamiento que Dios me ha hecho, y una nueva confianza de que puedo correr esta carrera fielmente.

Es mi oración que su fe crezca y sea fortalecida, que su fe sea una de total confianza en nuestro Dios, quien por sobre todo es fiel y justo en sus tratos. En su invalorable y abundante amor para usted, quiere que ustedes pongan toda su confianza en Él. Que las más ricas bendiciones de Dios sean sobre todas ustedes mientras cada una llega a ser una mujer de fe.

Con amor en Cristo,
Cynthia Heald

CAPÍTULO 1

LA FIDELIDAD DE DIOS

❧

*Por la misericordia de Jehová no hemos sido consu-
midos, porque nunca decayeron sus misericordias.
Nuevas son cada mañana; grande es tu fi delidad.*
Lamentaciones 3.22-23

Toda nuestra esperanza de felicidad futura, descansa sobre la fidelidad de Dios. Solamente porque Él es fiel su
pacto prevalecerá y se cumplirán sus promesas. Solamente porque tenemos la completa seguridad de que Él
es fiel podremos vivir con paz y mirar adelante, hacia la
vida por venir, con seguridad... Los tentados, los ansio-
sos, los temerosos, los desalentados, todos ellos, pueden
encontrar nueva esperanza y buen ánimo, en el conocimiento de que nuestro Padre celestial es fiel.[1]

A.W. Tozer

*C*omprender la fidelidad de Dios es absolutamente importante para llegar ser una mujer de fe. ¿Cómo podemos tener una fe vital en alguien de quien no estamos seguros que es fiel? Me gusta lo que dice Proverbios 25.19: «Como diente roto y pie descoyuntado es la confianza en el prevaricador en tiempo de angustia». Este versículo describe vívidamente los angustiosos resultados y la desilusión de una fe equivocada.

El recipiente de nuestra fe a menudo determina la medida de nuestra fe. La palabra hebrea para *fe* es *emunah*, que significa «firme, constante».[2] Esta palabra se usa para describir la absoluta dependencia del carácter de Dios. Porque Dios es firme y constante, ustedes pueden poner todo su peso sobre Él. Él las sostendrá segura y fijamente.

Dios es fiel

1. El carácter digno de confianza de Dios es reconocido, ensalzado y exaltado a través de toda las Escrituras. ¿Cómo puede cada uno de los siguientes pasajes describir su fidelidad?

a. Deuteronomio 32.4

Es la Roca, cuya obra es perfecta
Todos tus caminos son rectitud, Dios es verdad...
justo y recto.

b. Salmo 36.5

hasta los cielos llega su misericordia
Su fidelidad alcanza

c. Salmo 119.90,138 89-91

fidelidad eterno -
afirmaste la tierra

BLA- Has ordenado tus testimonios con justicia
y con suma fidelidad

d. Hebreos 10.23 *Mantengamos firme —sin fluctuar porque fiel es El que prometió*

c. Hebreos 13.8

Jesus es el mismo ayer, hoy y siempre.

2. En el Salmo 89, Etán ezraíta afirma la fidelidad de Dios. Basándose en cómo el salmista describe a Dios en el Salmo 89.1-8, ¿cómo explicarían que Dios es digno de confianza?

———————————— ✑ ————————————

> Toda nuestra esperanza de felicidad futura, descansa sobre la fidelidad de Dios. Solamente porque Él es fiel su pacto prevalecerá y sus promesas se cumplirán. Solamente porque tenemos la completa seguridad de que Él es fiel podemos vivir con paz y mirar hacia adelante, hacia la vida futura por venir.[3]
>
> *A.W. Tozer*

———————————— ✑ ————————————

La fidelidad de Dios es activa

3. Dios nos demuestra su fidelidad de muchas maneras. ¿A qué aspectos específicos de nuestra vida se dirigen los siguientes versículos?

a. 1 Corintios 1.4-9 (véase también Filipenses 1.3-6)

- nos da gracia
somos enriquecidos en él.
no faltamos nada

El que comenzó
la obra en mí -
la perfeccionará

b. 1 Corintios 10.13

fiel es Dios — no nos deja

c. Hebreos 13.5-6

El ha dicho: no te desamparé ni te dejaré

d. 1 Juan 1.9

el es fiel y justo

❧

El predicador puritano Thomas Lye destacó que en este pasaje (Hebreos 13.5) el griego tiene cinco negativos y puede ser interpretado así: «Yo no, no te dejaré; ni tampoco yo, yo no, no te abandonaré». Cinco veces Dios hace énfasis que Él no nos abandonará. Él quiere que nosotros nos aferremos firmemente a la verdad de manera que cualesquiera que fueren las circunstancias, debamos creer, basados en su promesa, que Él no nos ha abandonado ni nos ha dejado a merced de esas circunstancias.[4]

Jerry Bridges

❧

---

4. Moisés, los salmistas y los discípulos todos, testifican de la firmeza de Dios. ¿En qué manera específicamente han experimentado la fidelidad de Dios en su vida?

La fidelidad de Dios es incondicional

5. El salmista Etán, el ezraíta, escribió de manera específica acerca del infalible compromiso de Dios en el pacto que hizo con David. ¿Qué pueden observar acerca de la fidelidad de Dios, en el Salmo 89.30-37?

A pesar de la infidelidad de sus escogidos — El no quitará su misericordia.. ni olvidará su pacto

6. El Señor habló clara y directamente respecto a su pacto. ¿Cómo puede esta afirmación escritural del compromiso firme de Dios, ayudarles en una cuestión en la que tienen problemas para confiar totalmente en Dios?

Como me ayuda esta verdad?

&

El hombre falla en todos los aspectos, pero Dios en ninguno. Ser fiel es uno de los atributos eternos de Dios, en el que siempre pone una gran parte de su gloria: su verdad es uno de sus peculiares tesoros y una joya de su corona, y nunca permitirá que esta se empañe de ninguna manera.[5]

Charles Spurgeon

---------------- ❧ ----------------

Reflexión de la autora

Aunque ahora ya han pasado muchos años, todavía recuerdo cómo mi esposo y yo animábamos a nuestros hijos a saltar a nuestros brazos desde el borde de la piscina. Verdaderamente era un salto de fe para ellos el meterse en aguas desconocidas, solamente confiando en nuestro amor y fuerza para agarrarlos. «¡Ven, yo estoy aquí. Te prometo que no dejaré que te hundas. Yo te agarraré. Es divertido!»

A veces la confianza les tomaba algún ~~tiempo~~ (mucho) antes del primer salto. Inevitablemente después del salto inicial, había gritos de alegría junto con repetidos saltos y súplicas de «¡una vez más!».

De manera similar, nuestro Padre permanece con los brazos abiertos y nos pide confiar en su fidelidad para sostenernos y no dejar que «nos hundamos». Verdaderamente Él es firme y nos *detiene* ~~sujeta~~ con firmeza cuando llegamos a Él. Podemos poner todo nuestro peso sobre Él, en la seguridad absoluta que jamás nos dejará caer.

¿En quién más podremos confiar tan implícitamente? ¿Quién más despliega amor y fidelidad tan incondicionales? ¿Quién más nos ofrece la seguridad de un amor infalible que es nuevo cada mañana? ¿Quién más nos invita a una confianza total, en la seguridad de que nunca seremos abandonados? Él es el único digno de oír: «¡Grande es tu fidelidad!»

Fortalezcan su fe

Escojan un pasaje de este capítulo que les asegure de una manera especial la fidelidad de Dios. Mediten en él y escríbanlo, ya sea en sus propias palabras (puede ser útil utilizar un diccionario y leer el versículo en otra versión para reescribirlo) o personalizándolo con su nombre y pronombres personales. Pueden sentirse inclinadas a escribir el versículo como una palabra especial de Dios para ustedes. Durante toda esta semana oren porque este versículo les ayude a fortalecer su fe.

Para ayudarles a comenzar tengo un ejemplo sacado de Hebreos 13.5-6:

Yo, como su Padre, quiero que estén contentas con lo que tienen. ¡En realidad, me tienen a mí! Y, a diferencia de las cosas materiales, yo siempre estaré con ustedes. Nunca las dejaré. Pongan su fe en mí. No tengan miedo de nadie, porque yo soy su Padre ayudador y fiel.

Pasaje para memorizar

Lamentaciones 3.22-23, o el versículo o versículos que escogieron para fortalecer su fe.

CAPÍTULO 2

FRENTE A LA DUDA

E inmediatamente el padre del muchacho clamó y dijo: «Creo; ayuda mi incredulidad».

Marcos 9.24

La duda es una palabra que causa terror al alma y que a menudo es eliminada de una manera poco saludable. Este es un problema particularmente agudo para aquellos que han sido criados en hogares cristianos y en iglesias cristianas. Desde sus primeros años han aceptado las verdades del cristianismo solamente en base de su confianza en padres, amigos y ministros. A medida que se desarrolla el proceso educacional, tiene lugar un reexamen de su posición. Esta es una experiencia saludable y necesaria que da como resultado una fe vigorosa.[1]

Paul Little

*E*l desesperado padre de un muchacho poseído por un espíritu maligno rogó a Jesús que hiciera algo si podía. «¿Qué quieres decir con eso de *si* puedo?», le contestó Jesús. «Todo es posible si una persona cree». Entonces el padre respondió con toda honestidad, suplicando: *Creo; ayuda mi incredulidad.*

En otra ocasión los discípulos le dijeron al Señor: *Auméntanos la fe* (Lucas 17.5). La incertidumbre en nuestra fe es un asunto que tenemos que reconocer y afrontar y no ignorar. Para ayudarnos en momentos de duda, tenemos dos magníficas oraciones registradas en las Escrituras de los encuentros de Jesús con el doliente padre y los discípulos: «ayúdame» y «enséñame». En algún momento, aun Juan el Bautista necesitó la seguridad de que Cristo era el Salvador, al igual que Tomás. Leer sobre algunos de los famosos «incrédulos» en las Escrituras, y estudiar las respuestas de Jesús a ellos, nos dará comprensión, ánimo y dirección cuando nos encontremos con la duda en la vida de fe.

Incrédulos de la Biblia

1. Una buena definición funcional de *duda* puede ayudarnos a entender cómo crecer en la fe. Utilice un diccionario y escriba su definición de *duda*.

2. La Biblia describe en forma realista a los que dudaron de Dios, algunos honestamente, otros rebeldemente. Lea los siguientes

pasajes e identifique a los que dudaron, las circunstancias que ocasionaron su duda y las consecuencias o resultados de su duda.

a. Deuteronomio 1.19-36

b. Marcos 9.14-27

c. Lucas 7.18-28

d. Juan 20.24-29

❧

Un temperamento de duda, tendiente siempre a hallar dificultades y objeciones, es fatal para la unidad de la mente, corazón y voluntad. Las dudas, si les asaltan, no deben ser tímidamente rehuidas ni ociosamente manejadas, sino honestamente enfrentadas y combatidas. Pero el gran secreto de la convicción debe ser fundamentado primero y constantemente sobre la *evidencia positiva* de la verdad. Si esta es adecuada e incontrovertible, las mil preguntas que al momento no podemos contestar no nos molestarán. Ellas pueden esperar; pero los *hechos* no esperarán. He aquí un gran secreto, no solamente de *fortaleza* sino de *descanso*. Y en el descanso hay una reserva tremenda de energía.[2]

E.R. Conder y W. Clarkson

———————————— ✌ ————————————

3. Los pasajes bíblicos que estudiaron cuentan que Israel dudó de la sabiduría de Dios para entrar en Canaán; de un esperanzado pero vacilante padre en tremenda necesidad; de Juan el bautista cuestionando al hombre que estaba en el mismo centro de su vida; de la insistencia de Tomás de ver por sí mismo. ¿Cuál de estos ejemplos describe mayormente las dudas en su vida, presente o pasada? ¿Por qué?

4. Lean el Salmo 77 en el que Asaf manifestó profundas dudas de la fidelidad de Dios. ¿Por qué estaba en tan grande angustia, y cómo encontró alivio?

———————————— ✌ ————————————

¿Hay problemas en su vida? ¿Sienten como que Dios les ha dejado caer? Entonces hagan lo que hizo el salmista: pasen revista a las evidencias de la amorosa bondad y cuidado de Dios. Comiencen con el Calvario y lleguen hasta su vida personal. Entonces digan: «Señor, eres lo

que siempre has sido, eres lo que eres según el testimonio de mis amigos, eres lo que eres según el testimonio
de muchas personas que han partido antes que yo. Confío en que ahora seas mi ayuda». Esto es fe. Nuestra fe se
nutre desarrollando un fuerte sentido del accionar de
Dios en el pasado, de manera que confiemos en que Él
actúe de conformidad con su carácter en el futuro, una y
otra vez, y otra vez.[3]

C. Donald Cole

❧

La poca fe

5. Los discípulos tuvieron dudas, especialmente durante las tor-
mentas. Mientras leen estos versículos, escriban cuáles fueron
las circunstancias, cuál fue la respuesta de los discípulos, cuál la
acción del Señor y cuál la lección que estos aprendieron.

a. Mateo 14.22-23

b. Lucas 8.22-25

6. En cada uno de estos pasajes que leyeron, Jesús reprendió
a sus discípulos por sus dudas y por su falta de fe. ¿Por qué pien-

san que el Señor utilizó estas sorprendentes situaciones, para señalar su poca fe?

ॐ

La fe puede ser verdadera y sin embargo ser débil; al principio, puede ser como un grano de mostaza. Pedro tuvo la fe suficiente que lo puso sobre el agua, sin embargo, porque no fue suficiente para llevarlo por ella, Cristo le dijo que no tenía sino *poca* fe. Nuestras desalentadoras dudas y nuestros temores, se deben todos a la debilidad de nuestra fe: *por eso dudamos*, porque no tenemos sino *poca fe*... Ellos sabían desde antes que Él era el Hijo de Dios, pero ahora lo sabían mejor. La fe, luego de un conflicto con la incredulidad, es a veces más activa, y llega a un más grande grado de fortaleza para ser ejercida. Ahora, ellos *lo sabían de verdad*.[4]

Mathew Henry

ॐ

Reflexión de la autora

Mis más grandes momentos de duda vienen cuando cuestiono los caminos de Dios. El dolor, el sufrimiento y las pruebas estarán siempre en mi vida y en la vida de aquellos que amo. Dios me desafía a mantenerme entrando en una tierra que fluye leche y miel, pero todavía hay gigantes con los cuales tengo que luchar. En mi *poca fe*, dudo de la bondad y fidelidad del Señor. Creo que Él siempre está conmigo, pero cuando los vientos comienzan a encrespar las olas grito para que el Señor se despierte.

Cuán rápidamente olvido, como lo hicieron los discípulos, que Jesús les dijo cuando entraron en el bote: «Pasemos al otro lado del lago». Esta era una promesa de que *¡irían al otro lado!* No necesito dudar de su Palabra no importa cuáles sean las circunstancias.

Después de que Asaf gritó: «¿Ha olvidado Dios el tener misericordia?», recordó las obras y las maravillas de Dios en tiempos pasados. Recordó la fidelidad de Dios, y eso fue suficiente. Esto es *fe*: confiar en Dios con mi pasado, presente y futuro, aun cuando, lógicamente, no debía confiar en nadie sino en mí misma.

Pero si confío en mi propio entendimiento, pasaré mi vida sin arriesgar nada, dependiendo solamente de lo que puedo ver y tocar. Seré mi rescatador. Escucharé a mis dudas, debatiré los métodos de Dios y me aferraré a mi entendimiento, y sufriré las consecuencias de esas decisiones al morar en los desiertos, al vivir en temor y al caminar bajo la tormenta.

No es un error dudar, pero es un error no arreglar nuestras dudas delante de Dios. Asaf, Juan el bautista, Tomás, Pedro, cada uno a su manera gritaron: «¡Señor, sálvame!», y «al momento Jesús, extendiendo la mano, asió de él».

❧

Al tratar con el arrogante defensor de la duda, no es el método correcto decirle que deje de dudar. Más bien el método correcto es decirle que siga dudando, que dude

un poco más, que dude cada día nuevas y desconcertantes cosas del universo, hasta que al fin, gracias a alguna extraña iluminación, comience a dudar de sí mismo.[5]

G.K. Chesterton

Fortalezcan su fe

Escojan un pasaje de este capítulo que les anime cuando tengan dudas. Mediten en él y escríbanlo ya sea con sus palabras (un diccionario y una segunda versión podrían ayudarle para esto), personalizándolo con su nombre, o simplemente escribiéndolo de su versión favorita como una palabra especial del Señor para ustedes. Durante toda esta semana, oren que este versículo les ayude a volverse al Señor cuando tengan duda.

Pasaje para memorizar
Marcos 9.24, o el versículo o versículos que escojan para fortalecer su fe.

CAPÍTULO 3

El Regalo de Dios

❧

Porque por gracia sois salvos por medio de la fe; y esto no de vosotros, pues es don de Dios; no por obras, para que nadie se gloríe.

Efesios 2.8-9

La fe es la mano del corazón que recibe salvación.[1]

R.M. Edgar

*P*ara que un regalo sea en verdad tal, es necesario que sea recibido. Sin el conocimiento y aceptación del receptor, el regalo es, en efecto, solamente una oferta. Dios nos ha ofrecido gratuitamente el regalo de la salvación, pero este puede ser aceptado solamente por fe. La gracia de Dios ofrece perdón, una vida nueva, adopción en la familia de Dios y vida eterna en Cristo Jesús. Tan maravilloso e invalorable como es todo esto, sin embargo, no estamos obligados a aceptar este regalo. Dios compró nuestra salvación por medio del sacrificio de su Hijo en la cruz, para «todo aquel que en él creyere» (Juan 3.16). Oswald Chambers definió *creer* como «literalmente comprometerse... Ser un creyente en Jesús significa depositar nuestra confianza en Él, anclar nuestra alma en su honor»[2] Cuán preciosa es la gracia de Dios en el momento en que primeramente creemos, y qué gozo continuar con confianza, convicción, dependencia y seguridad a medida que vivimos en la aceptación de esa gracia.

El regalo de la salvación

1. Entender que la salvación es en realidad un regalo, es la clave para entender la naturaleza de la fe. ¿Qué nos enseñan los siguientes pasajes sobre este extraño regalo?
   a. Romanos 5.6-11

   b. Romanos 6.23

c. Efesios 2.8-9

2. El apóstol Pablo escribió apasionadamente que somos justificados por la fe, no por las obras de la ley. ¿Cómo describió nuestra relación con Dios, en los siguientes pasajes?
a. Romanos 1.16-17

b. Romanos 3.21-26

c. Romanos 5.1-2

d. Romanos 9.30-33

Justificamos al apóstol por su jactancia del evangelio, porque el elevado propósito de este era el medio de asegurar, nada menos que la salvación de todos los hombres. Esta salvación, es su propósito en la epístola, debe ser colocada en su verdadera luz, pues es una liberación moral y espiritual, una emancipación del alma, un abrirse de las puertas de la prisión, una curación radical,

completa y duradera. **Un Dios justo puede ser reconci-
liado con hombres desobedientes y pecadores, comuni-
cándoles a ellos su propia justicia. Su naturaleza
interior, el ser espiritual, el carácter moral, es la esfera
de la gran salvación que Cristo trae, la cual anuncia el
evangelio... Al igual que su divino maestro, Pablo insistió firmemente en la importancia y necesidad de la fe.
Esta es una señal de la espiritualidad de nuestra religión
que comienza en el corazón y obra de adentro hacia
afuera. Pero las Escrituras no apoyan la mística doctrina
de que la fe es un simple sentimiento que no tiene objeto definido, por el contrario, revelan a Dios y a sus promesas y especialmente a su Hijo, y a la verdad
relacionada con Él, como objetos de esa fe.[3]**

J. Radford Thomson

La respuesta de la fe

3. Dios nos ha impartido amorosamente su salvación y su justicia. ¿Cómo nos enseñan estos pasajes a responder a tal regalo?
   a. Marcos 10.13-16

   b. Juan 1.10-13

4. Jesús se disgustó con los discípulos por reprender a los que trajeron sus hijos pequeños para que estuvieran con Él. ¿Por qué piensan ustedes que Él nos enseñó a recibir su Reino como niños?

5. Abraham es nuestro ejemplo de alguien que recibió el regalo de la justificación por fe. Lean Romanos capítulo 4 y estudien el argumento de Pablo de que Abraham fue justificado por la fe y no por su obediencia a la ley.

a. ¿Cuál fue la declaración de Pablo en 4.1-5?

b. Resuma la distinción que Pablo hizo en los versículos 13-16 entre la ley y la fe, en nuestra relación delante de Dios.

c. ¿Cómo utilizó Pablo el ejemplo de Abraham, para explicar nuestra relación con Dios, en 4.17-25?

———————————— ❧ ————————————

Esta manera de glorificar a Dios mediante una firme confianza solamente en su promesa, estaba tan de

acuerdo con los designios de Dios y era tan conducente a su honra, que Él en su gracia la aceptó como justicia y lo justificó, aun cuando no había nada en sí mismo que ameritara tal aceptación. Esto demuestra por qué la fe es escogida como la primera condición para nuestra justificación, porque es una gracia que entre todas las otras da gloria a Dios.[4]

Matthew Henry

6. Romanos 10.17 nos dice que la fe viene por el oír y el oír por la Palabra de Dios. Describa su propia experiencia de oír la Palabra de Dios y responder por fe al regalo de Dios.

Reflexión de la autora

Recibí el regalo de Dios de la salvación cuando tenía doce años. En respuesta a la pregunta de nuestro pastor de si creía que Jesús era el Hijo de Dios y que murió por mis pecados, di un caluroso: «Sí, yo creo». Creía firmemente en el amor de Dios, después de todo Él había enviado a su Hijo para morir por mí. Sabía que si Él me amó tanto, implícitamente podía confiar en Él. Ciertamente no entendía que había sido justificada por la fe o que me había sido adjudicada la justicia, pero creía, tenía fe en el Dios viviente. Mi comienzo con el Señor fue teniendo el entendimiento de una niña, pero sin embargo mi fe era real y ha permanecido real por cincuenta años.

A menudo, cuando pienso en la increíble gracia del Señor, en su ofrecimiento de perdón, libertad y descanso, me siento abrumada por su amor y su bondad. ¿Cómo podría *no* confiar en Aquél que me amó tanto que dio a su Hijo unigénito para que yo también pudiera llegar a ser su hija? Es un gran privilegio para mí poner toda mi confianza en Él y anclar mi alma en su honor.

Me encanta el himno: «Mi fe ha encontrado un lugar donde descansar». La segunda estrofa, en especial, expresa la respuesta de mi corazón por fe al ofrecimiento de la gracia de Dios:

Me basta que Él es Salvador,
Que ya no hay que temer.
Que soy pecador, más voy a Él
Que no me apartará.
Mi fe descansa en buen lugar,
En Cristo, mi Señor.
Y no preciso discutir ni un argumento más:
Me basta que Cristo murió
y que Él murió por mí.[5]

Fortalezca su fe

Escojan un pasaje de este capítulo que sea especialmente importante porque expresa el regalo de la salvación para ustedes. Como una manera de reconocer este regalo, escríbanlo (en su versión favorita, en sus propias palabras, o personalizándolo) y mediten en él. Durante toda esta semana, oren y regocíjense por ese versículo que es una expresión de su fe.

✿Pasaje para memorizar

Efesios 2.8-9 o el versículo o versículos que escojan para fortalecer su fe.

CAPÍTULO 4

LA FE EN ACCIÓN

❧

Pero sin fe es imposible agradar a Dios; porque es
necesario que el que se acerca a Dios crea que le hay,
y que es galardonador de los que le buscan.

Hebreos 11.6

Ahora, si la fe es la puerta del corazón a Dios, y si esta
puerta no es sino el levantar los ojos interiores para encontrar los ojos de Dios que todo lo ven, se deduce que
es una de las cosas posibles más fáciles de hacer. Sería
para Dios como hacer las cosas vitales más fáciles, y co-
locarlas dentro del rango de posibilidades para los más
débiles y más pobres de nosotros.[1]

A.W. Tozer

*A*ntes de llegar a tener fe en Dios, nuestras únicas opciones para confiar están en nosotras mismas y en otros. La confianza y la seguridad son necesarias para crecer en cualquier relación. Y así mismo es en nuestra relación con Dios. No podemos conocer al Señor ni esperar agradarle sin fe. Pero a diferencia de la confianza dentro de un contexto humano, nuestra fe en Dios nunca será defraudada. Está enraizada profundamente en el regalo de Dios de la salvación ofrecida gratuitamente, de manera que podamos experimentar vida como hijos suyos. Cuando cambiamos nuestro sistema de creencias, pasando de la confianza en la carne (en nosotros mismos y en otros), a la confianza en Él, podemos entrar totalmente en una rica comunión que nos recompensa con el descubrimiento profundo de la fidelidad de Dios. Cuando ponemos nuestra fe en acción, le demostramos a Dios que creemos en Él y recibimos confirmación de que Él responde a los que le buscan diligentemente.

Caminar por fe

1. Juan registra en su Evangelio un ejemplo en el que la gente le buscó para hacerle una pregunta muy importante. Lean esto en Juan 6.28-37, notando de manera especial lo que Jesús dijo en los versículos 29-30 y 36. ¿Qué quería Jesús que ellos entendieran?

---------------------- & ----------------------

La obra de la fe es la obra de Dios. Ellos preguntaron por las *obras* **de Dios (en plural), preocupados de** *muchas cosas*, **pero**

Cristo les habló de una obra que incluye todo, la única necesaria: que crean, la cual sobrepasa todas las obras de la ley *ceremonial*, la obra que es necesaria para la aceptación de todas las otras obras y la que produce a todas las demás, porque sin fe es imposible agradar a Dios.[2]

Matthew Henry

2. Los israelitas en el desierto demostraron cómo la falta de fe podía desagradar a Dios. En el Salmo 78, Asaf hace un recuento de cómo Israel creyó en Dios, pero sin embargo no actuó de acuerdo con su fe. Lean los versículos 12-39 y describan cómo los israelitas específicamente fallaron en ejercer su fe, y cómo respondió Dios a eso.

3. En el Salmo 78, Asaf observó que a pesar de las cosas maravillosas que Dios hizo por Israel, ellos todavía demandaban pruebas de que Dios era fiel. Cuando ustedes se encuentran en el desierto, ¿de qué manera tratan de probar a Dios o confiar en Él?

Nuestras acciones, la respuesta de Dios

4. Por fe creemos que Dios honra a los que le buscan. En cada uno de los siguientes pasajes, describan cómo cada uno ejerció su fe y qué es lo que sucedió como resultado de eso.

a. Lucas 7.1-10

b. Hechos 3.1-16

5. Es estimulante leer en las Escrituras las curaciones milagrosas, pero en la práctica no siempre es tan fácil ni cómodo demostrar nuestra fe. La Biblia registra las historias de aquellos cuya fe soportó presiones extremas. ¿Qué pueden decir de cómo la fe fue expresada y honrada en las circunstancias que se mencionan allí?

a. Daniel 3.8-30

b. Daniel 6.1-23

c. 2 Timoteo 4.9-18

6. En este capítulo han estudiado toda clase de circunstancias en las que se les pidió a las personas que ejercieran su fe. ¿Lo que han aprendido sobre la fe y cómo Dios la premia, es significativo para su vida con Dios?

Reflexión de la autora

Era el año 1974. Mi esposo Jack y yo, estábamos orando fervientemente para conocer la voluntad de Dios. ¿Debería Jack vender su consultorio veterinario para trasladarnos y recibir entrenamiento en una organización cristiana laica llamada Los Navegantes? Durante los últimos diez años habíamos estado viviendo muy felizmente en Temple, Texas. Teníamos cuatro niños, una bonita casa, muchos amigos y un buen ingreso. Nos parecía que el Señor nos estaba dirigiendo a dejar todo esto, ¡pero no estábamos seguros!

En el proceso buscamos consejo, que fue muy útil pero no definitivo para darnos una dirección concreta. Pedimos alguna «señal» que nos permitiera saber qué hacer, pero no había ningún indicador específico. Podíamos ver pros y contras en ambos lados, y estábamos realmente dispuestos a aceptar la voluntad del Señor y no la nuestra. Todavía no estaba claro qué decisión quería Dios que hiciéramos.

Nunca olvidaré esa noche cuando estábamos conversando y orando, tratando de llegar a una decisión. Finalmente Jack dijo: «Hebreos 11.6: "sin fe es imposible agradar a Dios". Creo que tenemos que dar el primer paso de fe y confiar en que Dios nos dirija o cierre la puerta. Vayamos a San Antonio esta semana para ver qué escuelas hay y la disponibilidad de casas para arrendar. Iremos por fe y confiaremos en que Dios nos muestre su voluntad».

Cuando dimos pasos a través de las puertas abiertas, se nos hizo claro que la voluntad de Dios era que nos mudáramos. Sin embargo, el hecho de que nos mudaramos no fue el asunto más importante. Lo importante de esta historia es que tuvimos que ejercer nuestra fe. Aunque no fue un asunto de vida o muerte como el entrar en un foso de leones ni en un horno de fuego, representaba un tremendo trastorno en nuestra vida. ¿Queríamos movernos por fe y solo por fe? ¿Queríamos «espiar la tierra»? Este episodio fue la manera que Dios tuvo para enseñarnos a poner la fe en acción, aumentando nuestra dependencia en Él y profundizando nuestra confianza.

Aprendí en esa circunstancia lo que he experimentado una y

otra vez desde entonces: En cualquier momento que ejerzamos nuestra fe, no importa cuáles sean nuestras circunstancias, el mismo Dios llega a ser nuestra recompensa.

&

La seguridad de la fe nunca se gana por reserva, sino solamente por abandono.[3]

Oswald Chambers

&

Fortalezca su fe

Seleccionen un pasaje de este capítulo que les impresione respecto a la importancia de actuar por fe. Mediten en él mientras lo parafrasean en sus propias palabras o lo personalizan con su nombre, o simplemente escríbanlo en su versión favorita como si fuera una palabra especial del Señor para usted. Durante toda esta semana oren que su versículo les ayude a fortalecer su fe, en anticipación a la respuesta bondadosa de Dios.

&**Pasaje para memorizar**
Hebreos 11.6, o el versículo o versículos que escogieron para fortalecer su fe.

CAPÍTULO 5

CUANDO SE ANDA POR FE

❧

*Porque por fe andamos [regulamos nuestra vida y
nos conducimos por nuestra convicción o creencia
respecto a la relación del hombre con Dios y las cosas divinas, con confianza y santo fervor; así cami-
namos] no por vista.*

2 Corintios 5.7 AMPLIADO

La fe es para este mundo y la vista está reservada para el
otro mundo; y es nuestra obligación, y será nuestro interés, caminar por fe hasta que lleguemos a caminar por
vista.[1]

Matthew Henry

$\mathcal{M}$e gusta el pensamiento de Matthew Henry de que la fe es para este mundo y que la vista es para el cielo. Mientras estemos aquí debemos ejercer nuestra fe y vivir para lo eterno: esa realidad que no podemos ver ahora. Este mundo no es nuestro hogar; nuestra ciudadanía está en el cielo. Somos peregrinos en viaje por un mundo que seduce y tienta a sus viajeros para descuidar lo eterno. Por eso debemos viajar con fe en el Señor, quien quiere guiarnos hasta nuestro hogar eterno. Puesto que no podemos confiar en nuestra vista, debemos aprender a vivir por fe. Vivir de esta manera requiere que podamos echar toda nuestra carga sobre aquel que es fiel, buscando vivir para los valores de su Reino. Mientras más rindamos nuestro deseo de caminar por vista, más profunda llegará a ser nuestra confianza. Comenzaremos a experimentar la libertad de vivir por fe. Más y más podremos apartarnos de los caminos del mundo y fijar nuestros ojos en Jesús.

Vivir por fe

1. Una vez que recibimos el regalo de Dios por medio de la fe, toda nuestra vida se transforma. ¿Cómo describen estos pasajes la vida cambiada del que vive por fe?

    a. 2 Corintios 5.12-21

b. Gálatas 2.20

c. Gálatas 6.14

d. Efesios 2.19-22

2. Pablo nos dio un vistazo de su viaje de fe en sus cartas a las iglesias. Lea los siguientes pasajes y haga un resumen de cómo Pablo vivió su vida de fe.

a. 2 Corintios 12.7-10

b. Filipenses 3.1-14

c. 2 Timoteo 4.6-8

Ya no estaré más preocupado de lo que el yo quiere, sino de lo que Cristo quiere. Cuando oro, no siempre estoy pidiendo cosas para mi comodidad y conveniencia, sino más bien buscando un lugar en la voluntad de Dios y pidiendo gracia para permanecer donde Él quiere que esté. No lucharé para mostrar mi amor a Dios mediante los esfuerzos de la carne, sino más bien por la adoración y confianza de mi corazón en Él. Ya no trataré más de mostrar cuán grandes cosas puedo hacer por Él, sino que me rendiré a Él para que Él pueda mostrar al mundo cuán grandes cosas puede hacer por mí.[2]

Buell H. Kazee

Vivir para lo eterno

3. Vivir por fe significa un compromiso para vivir para lo eterno: para el Reino de Dios. ¿Qué enseñan estos versículos sobre la importancia de vivir para lo que permanece?

a. 1 Corintios 3.9-15

b. 2 Corintios 4.16-18

c. Colosenses 3.1-4

4. Jesús enseñó que estamos *en* el mundo, pero no somos *del* mundo. ¿Cómo le ayudan los siguientes pasajes a entender los peligros de las complicaciones mundanales?
a. Marcos 4.18-19

b. 1 Juan 2.15-16

5. Porque estamos en el mundo, es fácil estar complicado. ¿Qué es lo que trata de impedirle tener una perspectiva eterna?

——————————— ———————————

Y Pablo aquí ha declarado el verdadero secreto de soportar las pruebas con paciencia. Es mirar a las cosas que son invisibles y anticipar las glorias del mundo celestial,

poner los ojos en la felicidad eterna que está más allá de la tumba y reflexionar cuán cortas *son* estas pruebas comparadas con las glorias eternas del cielo, y cuán cortas *parecerán* ser cuando estemos allí.[3]

Albert Barnes

❧

6. Pocas personas han visto realmente el mundo invisible. El profeta Eliseo pudo dar a su siervo una visión de lo eterno. Lea 2 Reyes 6.8-23 y explique qué es lo que dio a Eliseo la seguridad de vivir por fe.

❧

No se sorprendan de que en este momento de aparente peligro Eliseo estuviera en completa calma. Conociendo los designios de Benhadad podía haber escapado si hubiera querido, pero con las fuerzas del invisible Rey interpuestas entre él y sus enemigos, no sintió que esto era necesario. No con menos confianza, en momentos de peligro debido a los hombres impíos, puede el creyente poner sus caminos delante del Señor. Puede que no le sea dado ver los símbolos de la protección invisible, pero con seguridad él puede depender de que «el ángel del Señor acampa alrededor de los que le temen y los defiende» (Salmos 34.7). Puede decir con David: «No temeré a diez millares de gente que pusieren sitio contra mí» (Salmos 3.6). Ellos no pueden hacerle mayor daño que lo que Dios puede permitirles. Los que están con él son más que los que están contra él.[4]

J. Orr

❧

7. Dios no nos deja desamparados. Él promete ser nuestro escudo y nuestro defensor mientras vivamos en el mundo. Considere a aquellos como Eliseo que han enfrentado ejércitos, o a otros que han sido arrojados en los hornos de fuego y en los fosos de los leones. ¿Cómo sus experiencias animan su vida de fe?

Reflexión de la autora

Lorne Sanny, un pasado presidente de Los Navegantes, contó una historia de cómo muchos años antes había llevado a su joven hijo a dar un paseo. El muchacho iba corriendo delante de él mirando las rocas y los insectos, cuando de pronto un enorme perro apareció en el camino. El hijo de Lorne regresó corriendo donde él, con los ojos desorbitados, e inmediatamente se asió de su mano. Entonces se volvió al perro y le dijo valientemente: «¡Hola, perro grandote!»[5]

Esta es una buena ilustración de caminar por fe. Como una nueva creación en Cristo, puedo asirme de su mano y caminar confiadamente por el mundo. Esto no significa que no tendré que enfrentar leones, hornos de fuego o ejércitos, pero no tendré temor de ellos. Mi fe está puesta en el Dios viviente, y mi vida está escondida en Cristo. En realidad el mundo invisible es más real que el que se ve, porque un día el mundo pasará. La eternidad es para siempre.

La verdadera fe nos transforma y nos imparte valor. Podemos vivir con convicción y esperanza porque nuestro Dios es todopoderoso y completamente digno de confianza. Podemos cantar con David:

Te amo, oh Jehová, fortaleza mía.
Jehová, roca mía y castillo mío,
    y mi libertador;
    Dios mío, fortaleza mía, en él confiaré;
    Mi escudo, y la fuerza de mi salvación,
    mi alto refugio.
Invocaré a Jehová, quien es digno de ser alabado,
 y seré salvo de mis enemigos.

Salmos 18.1-3

Fortalezca su fe

Seleccionen un pasaje de este capítulo que les ayude a entender lo que significa caminar por fe. Escríbanlo aquí de su versión favorita en sus propias palabras o personalizándolo, y mediten en él. Durante toda esta semana oren que su versículo sea una manera de ayudarles a concentrarse y pensar en lo que es eternamente significante.

⚘Pasaje para memorizar
2 Corintios 5.17, o el versículo o versículos que escogieron para fortalecer su fe.

$\mathcal{E}$L $\mathcal{E}$SCUDO DE LA $\mathcal{F}$E

❧

Sobre todo, tomad el escudo de la fe, con que podáis apagar todos los dardos de fuego del maligno.

Efesios 6.16

El escudo era un ingenioso invento mediante el cual los golpes y las flechas podían ser desviados, defendiendo todo el cuerpo. Podía ser utilizado para proteger la cabeza, o el corazón, o puesto atrás para impedir un ataque por allí. Mientras el soldado tuviera su escudo, se sentía seguro; así mismo, mientras el cristiano tenga fe estará seguro. Esta vendrá en su ayuda en cada ataque que se haga contra él, no importa de dónde; es defensa y guardián de toda gracia cristiana y asegura la protección que el cristiano necesita en toda guerra espiritual.[1]

Albert Barnes

*C*onociendo la guerra que debemos librar como sus hijos, Dios nos ha dado a cada uno una armadura como protección contra los ataques de Satanás. Debemos ponernos toda la armadura de Dios para que podamos estar firmes contra las asechanzas del diablo, pero para el propósito de este estudio nos concentraremos solamente en el escudo. El escudo del soldado que Pablo tenía en mente cuando utilizó esta analogía era grande, aproximadamente de dos y medio por cuatro pies y tenía la forma de una puerta oblonga. Era hecho de cuero y podía ser mojado en agua para que sea a prueba de fuego, asegurando que los dardos encendidos no dañaran al soldado que lo usara apropiadamente. Algunas ediciones de la Biblia hacen resaltar las primeras dos palabras: «*Sobre todo*, tomad el escudo de la fe con el que podáis extinguir los dardos de fuego del maligno» (Efesios 6.16). Nuestra fe es protección esencial, hecha a prueba de batallas, por un Dios amante que ya ha vencido al mundo. Todo lo que tenemos que hacer es tomar el escudo.

La seguridad de la fe

1. Una vez que hemos nacido de Dios, tenemos un enemigo que continuamente trata de derrotarnos. ¿Qué nos enseñan los siguientes pasajes sobre cómo vivir victoriosamente en el mundo?

    a. Efesios 6.14-17

    b. 1 Pedro 5.8-9

c. 1 Juan 5.4-5

2. Siendo un joven pastor, David se sintió horrorizado por la manera como Goliat, el filisteo pagano, se mofaba de los israelitas, ¡y decidió acabar con eso! Este gigante podía haber intimidado a los soldados israelitas, pero no a David. Descubra lo que sucedió en 1 Samuel 17.45.51, y describa cómo David usó el escudo de la fe.

La pelea de David con Goliat solo puede entenderse en su verdadero sentido: que este último es representante del mundo, y que David es representante de la Iglesia.[2]

E.W. Henstenberg

3. Pablo escribió en 2 Corintios 10.4: «*Porque las armas de nuestra milicia no son carnales, sino poderosas en Dios para la destrucción de fortalezas*». En los siguientes versículos, ¿cómo expresaron los salmistas su fe en la protección de Dios?

a. Salmos 3.1-4

b. Salmos 18.1-3

c. Salmos 84.10-12

4. Un buen antídoto para el que está cansado de la batalla es la renovada convicción de que Dios está comprometido a ser nuestro escudo. ¿Qué nos enseñan estos pasajes respecto a lo que debemos hacer para recibir protección?
a. Salmos 91.1-4

b. Salmos 119.10-11

c. Efesios 6.10-13

Puesto que es la Palabra de Dios la que nos enseña cómo vestirnos de Cristo y de su gracia para que estemos apropiadamente armados, nunca se engañe pensando que puede hacer algo sin este libro que no tiene precio. Todos hemos conocido a aquellos que se contentan con una profesión de fe en Cristo y un conocimiento superficial de dones y obras, y no quieren saber si hay algo más en la vida cristiana. Ellos son los que cuya gracia se congela cuando los vientos de invierno azotan sus almas. Pero el santo cuya fe ha sido aislada del error por la verdad del evangelio, podrá resistir todas las ráfagas de aire helado de Satanás.[3]

William Gurnall

Cómo enfrentarse con el peligro

5. Frente al conflicto y al peligro, es fácil depender del mundo para que nos rescate. Lea la historia de Asa, rey de Judá, en 2 Crónicas 16.1-10. ¿En qué maneras *falló* al usar el escudo de la fe para derrotar los dardos de fuego del maligno?

Cuando Pablo dice: «los dardos de fuego del maligno» (Efesios 6.16), se refiere, probablemente, a las tentaciones del gran adversario que son como dardos de fuego; o a esas furiosas sugerencias del diablo e incitaciones para pecar, las cuales pueden ser disparadas a la mente como dardos de fuego. Son los pensamientos blasfemos, las tentaciones repentinas para hacer lo malo, o los pensamientos que hieren y atormentan el alma.[4]

Albert Barnes

❧

6. Satanás es un enemigo que está rondando, buscando maneras para atacar y destruir. Continuamente nos acosa con sus proyectiles llameantes. ¿Con qué clase de dardos de fuego se enfrenta más frecuentemente, y qué ha encontrado que es lo más efectivo para apagar sus ataques?

Reflexión de la autora

Uno de los proyectiles llameantes que frecuentemente tengo que combatir es mi sentimiento de ser totalmente imperfecta e indigna del amor de Dios. Dudo de su capacidad para moldearme y usarme como a Él le agrada. Por supuesto, el Señor quiere que reconozcamos nuestra pobreza y nuestra consecuente necesidad de Él, pero los dardos de fuego que Satanás dirige a mi alma son acusaciones sobre mi falta de competencia y sobre la hipocresía en mi vida.

¿Quién soy yo para servir en su Reino? Miren mi orgullo, mis motivos, mi lengua rápida, todas las razones para retirarme y escabullirme de las oportunidades de servir o testificar de ser su hija.

Al igual que Asa, cambio con el mundo y comienzo a depender de *mis* propias maneras para ser aceptable ante Dios y los demás. Yo cumpliré, yo seré perfecta, yo trabajaré más duro, yo seré fuerte en el poder de *mi* fuerza, yo debo protegerme.

Pero esto llega a ser un círculo vicioso porque cuando tengo fe en mí misma, me vuelvo *más* orgullosa, *más* frustrada, *más* irritable, y demasiado cansada y ocupada para habitar bajo la sombra del omnipotente. Llego a estar tan concentrada en mí misma y en la fortaleza que necesito para vivir diariamente, que olvido que: «*Con sus plumas te cubrirá, y debajo de sus alas estarás seguro; escudo y adarga es su verdad*» (Salmos 91.4). No grito contra mi Goliat como lo hizo David: «¡No necesito usar la armadura de nadie. No estoy intimidado por tus burlas. Sé que el Señor está conmigo, y confío en Él con todo mi corazón!»

Cuando Ananías fue a Asa, le dijo al rey una maravillosa verdad: «*Los ojos del Señor contemplan toda la tierra para mostrar su poder a favor de los que tienen corazón perfecto para con él*» (2 Crónicas 16.9). Luego añadió: «*¡Locamente has hecho!*» Qué palabra tan buena. Que tontería creer en las mentiras del enemigo, bajar nuestra guardia y aceptar sus dardos de fuego. Qué tontería no usar el escudo de la fe para derrotar a Satanás.

Sí, soy débil, imperfecta, indigna, pero Dios ha decidido derramar su sacrificado amor en mí, y me pide que le tome su Palabra. Él desea mi fe absoluta en su capacidad para cumplir su propósito en mi vida. Mi confianza no está en *mi* fe sino en el escudo que dio Dios que aparece cuando descanso completamente en Él y en su compromiso de protegerme. Qué increíble edificador de fe es saber que el Señor constantemente busca a cualquiera de sus hijos que confían en Él, para fortalecer sus corazones y puedan sostener su escudo de fe.

> Diré yo a Jehová: Esperanza mía,
>   Y Castillo mío;
> Mi Dios, en quien confiaré.
> El te librará del lazo del cazador,
>   de la peste destructora.
>
> *Salmo 91.2-3*

❧

Cuando Pablo habla del escudo de la fe, está hablando de una protección que defenderá la vida profunda de la peste y de la invasión destructora... Él no estaba preocupado por las circunstancias, sino porque ellas jamás debían ocasionar un desastre a su alma. No buscó un escudo para evitar las circunstancias malas, sino que buscó un escudo para impedir que las circunstancias malas le hicieran daño.

Pablo quería un escudo contra todas las circunstancias para que ninguna desanimara y empobreciera la riqueza de su alma. Encontró el escudo que necesitaba teniendo una fe vital en Cristo.[5]

John Henry Jowett

❧

Fortalezca su fe

Seleccionen un pasaje de este capítulo que les anime a tomar el escudo de la fe. Escríbanlo aquí de su versión favorita en sus propias palabras o personalizándolo con su nombre. Durante toda esta semana mediten en su versículo y oren por él como una manera de aceptar la bondadosa protección de Dios contra los ataques del enemigo.

❧**Pasaje para memorizar**
Efesios 6.16 o el versículo o versículos que escogieron para fortalecer su fe.

CAPÍTULO 7

La Prueba de la Fe

He peleado la buena batalla, he acabado la carrera,
he guardado la fe.

2 Timoteo 4.7

Esta es la «buena batalla de la fe», y debemos tener nuestra fe probada en cada pelea. Es un caminar de una situación a otra, con oposición en cada vez. En nuestro camino siempre habrá fosos de leones y hornos de fuego. Las armas carnales nunca podrán oponérseles; esta es la batalla de la fe.[1]

Buell H. Kazee

Se da una prueba, por lo general, para descubrir lo que sabemos. Desde una perspectiva bíblica, se da una prueba para descubrir lo que creemos. Las pruebas en la escuela casi siempre son estresantes, y así mismo lo son en la vida. Las dificultades, las pruebas y las tentaciones son difíciles pero son las herramientas necesarias en las manos de Dios para fortalecer y probar nuestra fe. Porque Dios es soberano, soportamos solamente lo que Él permite que venga a nuestra vida. Porque Él es amante, su propósito es siempre hacernos bien. Entender que nuestra fe será probada para nuestro bien y para la gloria de Dios nos ayudará a percibir esa prueba como una oportunidad para crecer, en vez de una amenaza a la que hay que temer. «La fe debe ser probada», observaba Oswald Chambers, «porque ella puede llegar a ser una posesión personal solamente mediante el conflicto... Crean firmemente en Él y todo lo que les venga en contra desarrollará su fe».[2] Qué maravilloso es poder decir, al final de nuestra vida, como dijo Pablo: «He guardado la fe».

El propósito de la prueba

1. Sería muy fácil esperar que la vida en este mundo sea libre de líos. ¿Qué nos dicen las Escrituras que debemos esperar?
   a. Salmo 34.19

   b. Juan 16.33

c. 2 Timoteo 3.10-12

d. 1 Pedro 4.12-13

2. Jesús enseñó que la tribulación es propia de la vida en el mundo. Como criaturas del Señor que soportamos estas pruebas, ¿cuál debería ser nuestra respuesta a las pruebas, y cuál el resultado deseado?
a. Romanos 5.1-5

b. Hebreos 10.32-39

c. Santiago 1.2-4

d. 1 Pedro 1.3-9

3. Porque estamos en el mundo, nuestra fe inevitablemente será probada. ¿En qué esfera de su vida siente que Dios podría estar probándola, para fortalecer su fe?

El oro es considerado precioso entre los hombres; la fe es preciosa a la vista de Dios. El oro perece; la fe permanece. La prueba de la fe es de infinitamente más grande importancia que la prueba del oro. Las tentaciones prueban la fe del cristiano. Dios probó la fe de Abraham y Job; la tentación, resistida y superada, prueba que la fe es real y verdadera. Y la tentación refina la fe; y la tentación sobrellevada mansa y pacientemente purifica la fe de las manchas que se adhieren a la personalidad humana; nos ayuda a vencer el orgullo y la confianza en uno mismo y en la mundanalidad, y nos mantiene humildes, desconfiados de nosotros, confiando únicamente en Dios. El gozo del Señor, cumplido en medio de la adversidad, ayuda al cristiano a creer que esas pruebas, tan graves ahora, se transformarán en alabanza y honor y gloria cuando venga Jesucristo.[3]

B.C. Caffin

Los resultado de la prueba

4. Así como Dios ha provisto la armadura para nuestras pruebas, también nos ha dado seguridad en su Palabra en la cual él nos ha prometido librarnos. ¿Qué consuelo se ofrece en estos pasajes?

a. 1 Corintios 10.13

b. Hebreos 2.14-18

c. 1 Pedro 5.10-11

5. La Biblia describe vívidamente muchas pruebas de los santos, Jesús entre ellos. En cada uno de los siguientes pasajes, indique la prueba que cada uno enfrentó, su respuesta, y el resultado de su prueba.

a. Génesis 22.1-19

b. Mateo 4.1-11

c. Lucas 22.31-34,54-62

6. «Cuenta la tradición que durante toda su vida, de allí en adelante, Pedro jamás podía oír cantar a un gallo sin caer de rodillas y llorar».[4] ¿Cómo creen que fue contestada la oración de Jesús de que la fe de Pedro no fallara?

Dios puede, en efecto, usar los fracasos de sus santos para fortalecer su fe, la cual, como un árbol, permanece más fuerte por las sacudidas. Los momentos de prueba dejan al descubierto la verdadera condición del corazón. La fe falsa, una vez frustrada, rara vez vuelve a aparecer; pero la fe verdadera se levanta y combate más valientemente, como vemos en Pedro. La tentación es a la fe como el fuego es al oro. El fuego no solamente revela lo que es verdaderamente oro, sino que hace al verdadero oro más puro... La fe antes de la tentación tiene mucha materia extraña, que se adhiere a ella haciéndose pasar por fe; pero cuando viene la tentación, la escoria queda al descubierto y es consumida por el fuego. Y esto es todo lo que el diablo consigue: en vez de destruir la fe de los santos, él es el medio para refinarla, haciéndola de ese modo más fuerte y más preciosa.[5]

William Gurnall

Reflexión de la autora

Cristianos o no cristianos, todos enfrentamos pruebas y tentaciones. Como hijos de Dios, sin embargo, tenemos un sumo sacerdote que nos ayuda; tenemos una armadura; tenemos las Escrituras; y tenemos la promesa de Dios de que Él proveerá una vía de escape. Tenemos el poder y la decisión para tenerlo como supremo gozo cuando nos hallemos en diversas pruebas, sabiendo que el resultado de soportar la prueba producirá una fe más fuerte que pacientemente persevere durante toda la vida.

Después de muchos años de caminar con el Señor, he experimentado incontables pruebas. Puedo decir que con cada prueba vino la vía de escape: Un murmullo de las Escrituras en mi corazón para dirigirme o animarme, o un obstáculo en mi espíritu para alejarme de lo que iba a hacer. Se me dio una vía de escape, pero siempre fue mi decisión si la tomaba o no la tomaba. Si se encuentra diciéndose que la prueba es demasiado grande, o está abrumándola, tal vez esta sea una señal de que está tratando de enfrentarla con su propia fuerza y no con la fuerza de Él. A la manera misteriosa de Dios, Él fija un límite a la prueba. Dios permitirá solamente lo que fortalecerá su fe, no lo que la derribará, si se vuelve a Él por ayuda.

Hablando del Señor, Pedro escribió: «*sabe el Señor librar de tentación a los piadosos*» (2 Pedro 2.9). La bendición de responder correctamente a una prueba, como lo hizo Abraham, es que cada vez es más y más fácil hacer lo que es justo. Escoger confiar en su fidelidad agrada a Dios, y no hay nada que se compare con su suave voz hablando a su corazón: «*Bien buen siervo y fiel*».

Hay una maravillosa promesa en Santiago 1.12: «*Bienaventurado el varón que soporta la tentación; porque cuando haya resistido la prueba, recibirá la corona de vida que Dios ha prometido a los que le aman».* No tengo idea de cómo es la corona de vida, pero creo que sería feliz teniendo una. Nuestra fe no es probada en vano, da como resultado el honor de la revelación de Jesucristo. Dios promete recompensar nuestro sufrimiento restaurando, sosteniendo y fortaleciéndonos, y después, dándonos una corona.

Luego de que Pablo afirmó en 2 de Timoteo 4.7 de que había peleado la buena batalla, continuó afirmando que le esperaba un premio: la corona de justicia. No era solo para él, sin embargo, sino para todos los que aman su venida. Y los que anhelan el regreso de Jesucristo, son los que han permanecido fieles.

La fe, por su misma naturaleza debe ser probada, y la verdadera prueba de la fe no es que encontremos difícil confiar en Dios, sino que el carácter de Dios debe estar claro en nuestra mente... la Fe en la Biblia, es la fe en Dios, contra todo lo que le contradiga, yo permaneceré fiel al carácter de Dios, no importa lo que Él pueda hacer. «Aunque me matara, todavía confiaré en Él». Esta es la más sublime declaración de fe en toda la Biblia.[6]

Oswald Chambers

Fortalezca su fe

Seleccionen un pasaje de este capítulo que les ayude a mantener una perspectiva piadosa de la prueba. Escríbanlo aquí de su versión favorita en sus propias palabras, o personalizándolo con su nombre. Durante toda esta semana mediten en su versículo y oren que sea una manera de fortalecer su fe en los propósitos soberanos y amantes de Dios a través de las pruebas.

❧Pasaje para memorizar
2 Timoteo 4.7 o el versículo o versículos que escogieron para fortalecer su fe.

CAPÍTULO 8

Fe y Oración

❦

Y todo lo que pidiereis en oración, creyendo, lo reci-
biréis.

Mateo 21.22

Pero les diré dónde nacerá y crecerá grande y vigorosa
esa fe: en el corazón de cada uno que se dirija silenciosa-
mente a la cámara secreta con el Libro y doble sus rodillas y doble su voluntad. Dentro de ese corazón que está
allí vendrá la silenciosa seguridad de que lo que usted
está pidiendo, Él lo está haciendo.[1]

S.D. Gordon

$\mathcal{L}$ a fe permea toda la vida con Dios, desde el momento en que aceptamos su salvación y a través de todas las circunstancias del diario vivir. Es el escudo que nos protege cuando nos enfrentamos con las pruebas y las tentaciones. Es también una dimensión vitalmente importante en nuestra vida de oración. La fe no es un talismán que hacemos oscilar ante el trono de Dios, sino que es importante dando forma a nuestra intercesión. Jesús alabó la fe de los que se acercaron a Él para llenar sus necesidades. Mateo relata la incapacidad de Jesús para hacer obras poderosas en Nazaret, debido a la incredulidad que había allí (Mateo 13.58). Entender lo que las Escrituras enseñan sobre la relación de la fe con la oración es importante para fortalecer nuestra confianza en el Señor.

Cómo orar con fe

1. Jesús respondió a los que creyeron que Él era el Hijo de Dios, y las Escrituras registran muchos ejemplos en los que Él les curó. En cada uno de los siguientes pasajes, identifique la necesidad que estos individuos llevaron a Jesús, y lo que Jesús observó en cuanto a su fe.

a. Mateo 9.20-22

b. Mateo 9.27-31

c. Mateo 15.21-28

2. Las Escrituras expresan sobresalientes promesas concernientes a la oración contestada. Según estos versículos, ¿cuáles son las condiciones para que nuestras peticiones sean concedidas?
a. Mateo 21.18-22

b. Juan 14.12-13

c. Santiago 1.5-8

d. 1 Juan 3.22-23

e. 1 Juan 5.14-15

⸎

Pero como hemos dicho, para orar «la oración de fe» debemos primero que todo estudiar nuestras Biblias intensamente para que podamos conocer las promesas de

Dios, lo que ellas son, cuán grandes son, cuán definidas son, y exactamente qué se promete en ellas. Además de eso, debemos vivir tan cerca de Dios, estar tan completamente rendidos a la voluntad de Dios, tener tal delicia en Dios y sentir así nuestra absoluta dependencia del Espíritu de Dios, que el mismo Espíritu Santo pueda guiarnos en nuestras oraciones e indicarnos claramente cuál es la voluntad de Dios y asegurarnos, mientras oramos, que hemos pedido algo que está de acuerdo a la voluntad de Dios, y así capacitarnos para orar con la absoluta seguridad de que Dios ha oído nuestra oración y de que «hemos recibido» las cosas que le hemos pedido.[2]

R.A. Torrey

Oraciones de fe

3. Aunque la mayoría de los pasajes que usted estudió sobre las oraciones contestadas tienen que ver con la sanidad física, la mayoría de las oraciones de la Biblia se relaciona con asuntos espirituales. Mientras leen estas oraciones, hagan una lista de lo que había en el corazón del apóstol para los demás.

a. Efesios 3.14-19

b. Efesios 6.18-20

c. Colosenses 1.9-12

4. Las cartas de Pablo incluyen asuntos sobre el aguijón en la carne en él (que algunos comentaristas creen que era una enfermedad física) y las enfermedades de otros. Resuman los comentarios de Pablo sobre estos asuntos en los siguientes dos pasajes.

a. 2 Corintios 12.7-9

b. Filipenses 2.25-27

c. Ciertamente Pablo oró con una fe fuerte. ¿Por qué creen que los resultados fueron diferentes en estos dos casos?

5. Santiago dio un consejo específico para los que sufren, para los que están gozosos y para los que están enfermos.

    a. Estudien Santiago 5.13-16 y escriban lo que dijo que se debía hacer en cada circunstancia.

    b. ¿Qué creen que enseña este pasaje sobre la fe en la oración?

❦

Creer que lo recibiremos no obligará a Dios a hacer algo que Él de otra manera se opone... La fe suficiente para llenar la condición para que tal oración sea contestada, tendría que venir de Dios. Cuando Dios desea conceder una petición, con la condición de que haya una creencia de todo corazón, Él mismo produce esa creencia en el corazón de su hijo. La fe sobre la cual es condicionada la petición, no es menos don de Dios que lo es el don que Él da para la fe... Santiago utilizó un lenguaje fuerte, casi incondicional; sin embargo, el Nuevo Testamento testifica como un todo que Dios no curará a todos sus hijos de sus aflicciones físicas. Pablo ciertamente era un hombre de fe, sin embargo su aguijón en la carne no fue quitado... Santiago esperaba que sus lectores entendieran que nada de lo que él dijo en este pasaje sobre la oración debía ser tomado en conexión con lo que tanto él como otros escritores del Nuevo Testamento enseñaron en otra parte sobre el tema.[3]

C. Samuel Storms

Reflexión de la autora

Hace varios años una preciosa pareja piadosa tuvo un niño con necesidades especiales. Ellos habían orado por un niño saludable, pero sus oraciones no fueron contestadas de la manera que hubieran querido. La mayoría de parejas que conocemos tienen niños saludables; nosotros mismos tenemos cuatro. Sé que nuestras oraciones y nuestra fe no eran diferentes de las de otros que aman a Dios. ¿Por qué es esto así? ¿Por qué se nos dice que oremos con fe y se nos asegura que nuestra petición será contestada, cuando no siempre es ese el caso?

Creo que todo este asunto tiene que ver con la fe. ¿Cuál es la personalidad del Dios en el que ponemos nuestra fe? ¿Qué desea Él? El riesgo de la oración requiere que nuestra confianza esté puesta en la bondad de Dios. Porque Él es amante, digno de confianza, todo sabiduría, todo conocimiento, lleno de gracia y misericordia. Él se deleita en que yo confíe en Él y venga a Él en fe, creyendo que oye y responde.

Mi oración de fe se basa en una total confianza de que tengo perfecta libertad para pedir lo que quiera como un niño que tiene fe en su padre, porque amo permanecer en Él y en su Palabra. Sin embargo, esa misma fe descansa en sus buenos propósitos considerando la respuesta que recibo. No es la cantidad de mi fe lo que importa sino en donde es colocada: en un Dios que no comete equivocaciones, que está siempre obrando para lo más alto y lo mejor para sus hijos. Porque busco su voluntad y quiero agradarle, quiero lo que Él quiere. Y lo que quiere es que refleje su imagen y dependa de Él para tener su dirección en mi vida.

Nuestros amigos con su hijo con necesidades especiales, que ahora está en la escuela primaria, están enfrentando una nueva prueba. El esposo acaba de ser diagnosticado con una agresiva forma de cáncer. Mientras visitaba a su esposa, ella comentó: «Pensé que nunca podría acostumbrarme a tener un bebé que demandara tanto cuidado, pero cuando miro hacia atrás a esos años, veo cómo Dios ha provisto y nos ha dado fortaleza en tan sorprendentes maneras. Ahora que afrontamos esta difícil prueba, todo lo que sé es que Dios es fiel y que Él proveerá y nos sostendrá».

Una fe purificada es una fe más fuerte, capaz de orar intensa, humilde y sumisamente. A veces nuestra fe puede mover montañas; a veces solamente puede ir y tocar el borde de su vestidura; a veces simplemente clama por misericordia, pero en todas las oraciones de fe, en alguna medida, la verdadera sanidad es que nuestros ojos están abiertos y pueden ver al Señor.

--- ❧ ---

La fe de la que Jesús y Santiago estaban hablando, es la fe en Dios. Es fe en su amor para nosotros, sabiendo que Él

dará generosamente para nuestra edificación. Es fe o confianza en su sabiduría, sabiendo que nos protegerá de recibir cosas por las que oramos y que solamente nos harían daño, cosas que éramos incapaces de prever cuando orábamos por ellas. Y es fe en su poder, sabiendo que si lo que solicitamos está en conformidad con su propósito y voluntad, Él es completamente capaz de suplirlo.[4]

C. Samuel Storms

Fortalezca su fe

Seleccionen un pasaje de este capítulo que les ayude a entender de una manera más completa, la relación entre la fe y la oración. Escríbanlo aquí de su versión favorita en sus propias palabras o personalizándolo con su nombre. Durante toda esta semana mediten en su versículo y oren que sea una manera de fortalecer su fe para acercarse a su padre celestial en oración.

Pasaje para memorizar
Mateo 21.22 o el versículo o versículos que escogieron para fortalecer su fe.

CAPÍTULO 9

La obra de la fe

❧

Palabra fiel es esta, y en estas cosas quiero que insistas con firmeza, para que los que creen en Dios procuren ocuparse en buenas obras. Estas cosas son buenas y útiles a los hombres.

Tito 3.8

Confiar en Él significa, por supuesto, tratar de hacer todo lo que Él dice. No habría sentido en decir que usted confía en una persona, si no acepta su consejo. De manera que si usted se ha entregado a Él, lo lógico es que trate de obedecerle, pero que trate de una nueva manera, una manera menos preocupante, no haciendo estas cosas para salvarse, sino porque Él ya le ha salvado, no esperando conseguir el cielo como premio por sus acciones sino inevitablemente queriendo actuar de cierta manera porque ya un tenue destello del cielo está dentro de usted.[1]

C.S Lewis

*E*l apóstol Pablo hizo énfasis en que la fe sola nos permite recibir el don de la salvación. Escribiendo a Tito también afirma el valor de las buenas obras en las vidas de los que creen. Santiago, el líder de la iglesia primitiva, describió lo que es una fe viva y genuina, e hizo énfasis en que esa clase de fe debía producir buenas obras. Entender la relación entre la fe y las buenas obras es indispensable para llegar a ser una mujer de fe. C.S. Lewis nos ayuda a ahondar más esta comprensión con cautela: «Si lo que ustedes llaman fe en Cristo no involucra hacer la cosa más pequeña de lo que Él dice, no es fe en definitiva, no es fe ni confianza en Él, sino solamente una aceptación intelectual de alguna teoría sobre Él».[2]

La fe genuina

1. No podemos entender lo que Pablo y Santiago querían decir por buenas obras, aparte de entender que la salvación es por fe. ¿Cómo explican estos pasajes la base de nuestra salvación, y los resultados de nuestra salvación?

   a. Efesios 2.8-10

   b. Tito 3.3-8

❧

Tan poca capacidad interior teníamos para tales obras, que necesitábamos ser creados en Cristo Jesús para que pudiéramos hacerlas. El nuevo nacimiento interior del alma lo indica. Cuando se requirieron las buenas obras, tuvo que ser forjado este bondadoso cambio para asegurarlas. El propósito de la nueva creación es producirlas... No son las buenas obras primero y la gracia después, sino la gracia primero y las buenas obras después.[3]

W.G. Blaikie

❧

2. Pablo escribió que no recibimos la salvación por las obras, porque si lo hiciéramos nos jactaríamos de nuestras obras. ¿Están de acuerdo conmigo? ¿Por qué?

3. La autenticidad de nuestra fe es fundamental en nuestro caminar con Dios. ¿Qué advierten los siguientes versículos sobre la naturaleza de la verdadera fe?

a. Lucas 6.46-49 (véase también Santiago 1.22-25)

b. 1 Corintios 13.1-3

c. 1 Timoteo 1.3-5

Es poner una afrenta sobre Él el llamarlo Señor, Señor, como si estuviéramos totalmente a sus órdenes y nos hubiéramos entregado a su servicio, si no hacemos conciencia de conformarnos a su voluntad y de servir a los intereses de su Reino.[4]

Matthew Henry

---

4. Santiago tuvo mucho que decir sobre una fe activa y unos creyentes inactivos.

a. Resuma su enseñanza respecto a las características de una fe vital en Santiago 2.14-16.

b. Santiago insistió en que las buenas obras reflejan una fe viva. Después de leer este pasaje, escriba lo que entiende de algunas de las maneras en que esa fe viva se expresa.

❧

Una simple profesión de fe no significa la posesión de la fe ni lo que acompaña naturalmente a la fe. La fe que no está acompañada por sus inevitables y expectantes frutos, no es fe en definitiva. Es una burla de fe, y Santiago llama a tal fe «muerta». Por otra parte, Pablo habla de una verdadera fe viva que purifica el corazón y que obra por amor (Gálatas 5.6). Santiago, en este ejemplo, habla de una profesión o presunción de fe, estéril y sin fruto...

Cuando Pablo habla de fe, habla de ella como incluyendo las obras de esa fe. Cuando cualquier apóstol habla de obras resultantes de la fe como salvadoras de alguien, inherente en esas obras está incluida la fe que es la única manera por la cual esas obras pueden ser producidas.[5]

Spiros Zodhiates

El fruto de la fe

5. No nos han dejado a nuestra propia fuerza para producir las buenas obras de la fe. ¿Qué enseñan estos pasajes respecto a cómo es posible que nosotros llevemos fruto?
   a. Juan 15.1-5

   b. 2 Corintios 3.4-6

6. En Efesios se nos enseña que fuimos creados para buenas obras. En los siguientes pasajes, ¿qué obras se nos pide hacer, y cuál es su propósito?
   a. Mateo 5.14-16

   b. Tito 2.11-14

   c. 1 Pedro 2.11-12

Todo lo que un creyente tiene viene de Cristo a través del canal del Espíritu de gracia. Así como todas las bendiciones fluyen hacia usted a través del Espíritu Santo, nada bueno puede venir de usted en cuanto a pensamiento santo, devota adoración o actos de gracia, aparte de la operación santificante del Espíritu.[6]

Charles Spurgeon

Reflexión de la autora

Una de las facetas integrales de mi fe en Dios es lo sorprendente de ser su hija. Tener una relación personal con mi padre celestial es ciertamente más de lo que merezco y mucho más de lo que puedo retribuir jamás. Su amor, perdón, paciencia e íntimo interés en mí, me obligan a querer vivir una vida agradable a Él. Mi fe en un Padre digno, me lleva a permanecer en Cristo y me impulsa a cualquier obra que yo podría hacer.

Solo cuando permanezco unida al Señor, Él puede producir cualquier fruto en mi vida. Las pocas buenas obras que evidencian mi fe surgen de su apremio, su iniciativa y su estímulo, y son para su gloria. Sin fe en Dios, mis buenas obras serían hechas solamente para darme gloria a mí. Es mi amor y fe en un Dios santo que me ha redimido y purificado como su posesión, celoso de buenas obras, lo que hace la diferencia entre vivir para uno misma y vivir para Él.

---

 c&

«Buenas obras» aquí, se refieren no simplemente a actos de benevolencia y caridad, sino a todo lo que es justo y bueno para una vida honesta y santa.[7]

Albert Barnes

---

c&

Fortalezca su fe

Seleccionen un pasaje de este capítulo que les anime a hacer buenas obras como expresión de su fe. Escríbanlo aquí de su versión favorita en sus propias palabras o personalizándolo con su nombre. Durante toda la semana mediten en su versículo y oren por él para que sea una manera de fortalecerle en la obra de la fe.

c&**Pasaje para memorizar**
Tito 3.8 o el versículo o versículos que escogieron para fortalecer su fe.

CAPÍTULO 10

ℋÉROES DE LA FE

❧

Es, pues, la fe la certeza de lo que se espera, la convicción de lo que no se ve. Porque por ella alcanzaron buen testimonio los antiguos.

Hebreos 11.1-2

En las Escrituras prácticamente no se hace ningún esfuerzo para definir la fe. Aparte de una definición corta de diecinueve palabras en Hebreos 11.1, no sé de ninguna definición bíblica. Aún allí, la fe es definida eficazmente, no filosóficamente, es decir que es una afirmación de lo que la fe es en operación, no de lo que es en esencia. El pasaje asume la presencia de la fe y muestra en qué resulta, antes de qué es. Tenemos que ser sabios para ir solamente hasta allí y no intentar ir más lejos... Esto es muy claro y, para parafrasear a Tomás Kempis: «es mejor ejercer la fe que conocer la definición de ella».

A.W. Tozer

*P*or fe, creemos que nuestra esperanza en la promesa de la vida eterna se cumplirá un día. Los héroes de la fe sostuvieron esta esperanza por encima de todo lo demás, y sus nombres, junto con la evidencia del ejercicio de su fe, están indeleblemente inscritos en la Palabra de Dios. Todo un capítulo de Hebreos está dedicado a describir y honrar a estos individuos que confiaron totalmente en Dios. Todos los que están incluidos en el Salón de la Fama de Hebreos 11, fueron vivos ejemplos de lo que significa amarrar la vida a las promesas de Dios. Sus testimonios nos inspiran y nos animan a abandonarnos en el Señor. La alabanza bíblica que estos hombres y mujeres recibieron nos asegura que Dios recompensa a los que diligentemente le buscan.

La fe ilustrada

1. Hebreos 11.1-7 prepara el escenario para un entendimiento básico de la fe. Estudie este pasaje contestando a las siguientes preguntas:

   a. ¿Cómo describen los versículos 1-3 las características de la fe?

   b. ¿Cómo es descrita la fe de Abel en el versículo 4?

   c. ¿Cuál fue la respuesta a la fe de Enoc, según los versículos 5-6?

d. ¿Qué dice el versículo 7 sobre cómo Noé implementó su fe?

2. Se da una sección especial a la familia de Abraham. Lea Hebreos 11.8-16 y resuma por qué son considerados fieles.

Tanto como quietamente descansemos en medio de un ambiente favorable, que no nos turbe, la fe duerme como una energía sin desarrollarse dentro de nosotros; una fibra, un germen, una idea. Pero cuando somos empujados fuera de este ambiente, sin nada más que Dios para mirar, entonces la fe crece repentinamente y se convierte en un cable, en un roble, en un principio maestro de la vida... Puede que no sea necesario para nosotros retirarnos del hogar y de los amigos, pero sí tendremos que retirar la profunda dependencia de nuestro corazón de todos los apoyos y soportes terrenales, si vamos a aprender lo que es confiar simple y absolutamente en el Dios eterno.[2]

F.B. Meyer

La fe aplicada

3. Los padres de la fe y otros, reciben especial mención en Hebreos 11. Después de leer Hebreos 11.17-31, escoja dos de estos héroes, lea de ellos en el Antiguo Testamento y escriba un breve párrafo sobre por qué su específico ejercicio de fe agradó a Dios.

a. Abraham (Génesis 22.1-19)

b. Isaac (Génesis 27.27-29, con Jacob; Génesis 27.39-40, con Esaú)

c. Jacob (Génesis 48.8-20)

d. José (Génesis 50.22-26)

e. Moisés (escoja solo un aspecto de su fe):
• Éxodo 2.1-10: su nacimiento

• Éxodo 2.11-15: su decisión de identificarse con Israel

• Éxodo 12.21-28: su observancia de la Pascua

- Éxodo 14.21-31: su cruce del mar Rojo

f. Josué (Josué 6.1-20)

g. Rahab (Josué 2.1-14 y 6.22-25)

4. Es estimulante observar cómo diferentes hombres y mujeres expresaron su fe. Después de leer sobre estos diversos héroes, ¿el ejercicio de la fe de qué persona le impresionó más? ¿Por qué?

La fe victoriosa

5. El escritor de Hebreos concluye el capítulo 11 con una lista de aquellos cuya fe produjo varios hechos milagrosos, y de aquellos que quisieron sacrificar su vida por su fe. Lea Hebreos 11.32—12.3.

    a. ¿Qué obras sorprendentes realizaron muchos héroes de fe?

    b. ¿En qué maneras sacrificadas demostraron otros su fe (vv.36-38)?

    c. Como resultado de estudiar a los héroes de la fe, ¿qué lección quiso el escritor de Hebreos que aplicáramos a nuestra vida (11.39—12.1)?

    d. ¿A quién se cita como el máximo ejemplo de fe, y por qué?

En tiempo de sufrimiento, entonces, siga su curso «mirando a Jesús», el perfecto ejemplo de paciencia, y en la presencia de Getsemaní y del Calvario sus sufrimientos aparecerán más livianos, y el rostro sereno del supremo sufriente le impartirá paciencia y poder. En momentos de desánimo, cuando la fe es débil y el espíritu naufraga dentro de usted, mire a Jesús y a la confianza que ejerció y al destino que tuvo, y deje que su radiante ejemplo fortalezca su corazón con valor. En momentos de agotamiento y cansancio, cuando se sienta desmayar por las obligaciones y las dificultades que hay en el camino, mire a Jesús, y su ejemplo levantará y fortalecerá sus manos impotentes e impartirá vigor a todos sus huesos con una nueva energía. Y en momentos de tentación mire a Él quien «resistió hasta la sangre luchando contra el pecado» y no se rinda al conflicto, no dé lugar al tentador. Deje que esta sea su actitud: «mirar a Jesús». Deje que los ojos de su alma estén fijos en Él como su ejemplo y su ayudador; de esta manera terminará su curso con gozo, y «recibirá la corona de gloria que no se desvanece».[3]

W. Jones

Reflexión de la autora

La fe puede ser tan directa como cuando presenta una oferta justa o tan monumental como cuando construye un arco macizo. Puede significar empacar y viajar hacia un destino desconocido, o permanecer en una ciudad para esperar un ataque. Puede involucrar recibir fuerza para engendrar un hijo en la vejez y fuerza para ofrecer ese mismo hijo como sacrificio. Puede conducir a marchar sobre tierra seca entre murallas gigantescas de agua, o marchar alrededor de una ciudad por siete días. La fe puede sacarnos incólumes de un horno de fuego o de una noche de prisión entre leones.

La fe puede involucrar decidir permanecer firmes soportando azotes, prisiones, apedreamientos y pobreza para resucitar a una vida mejor. Significa preferir morir antes que renunciar a Dios. Es creer que este mundo ofrece poco en comparación con las bendiciones de la eternidad. Nos lleva a poner todo lo que tenemos en las manos de Dios, confiando en su promesa de una patria celestial, digna de toda clase de sacrificios.

Siempre me ha sorprendido la confianza de Abraham para ofrecer a Isaac. Esto tuvo que ir contra todo lo que él entendía de Dios; tomar al niño de la promesa al cual él y Sara habían esperado por largos años, y ponerlo sobre el altar, seguramente le pareció un aturdidor retroceso de todo lo que Dios había dicho y hecho, sin embargo la confianza en Dios era tan grande que la única respuesta de este hombre de fe fue la obediencia inmediata: «*Y Abraham se levantó muy de mañana y enalbardó su asno*» (Génesis 22.3).

Me destroza el corazón leer que *Abraham se levantó muy de mañana*, porque a través de los años han habido algunas cosas difíciles que Dios me ha pedido hacer. Mi respuesta usual ha sido luchar y suplicar a Dios, aun cuando Él me ha hecho claras y directas peticiones. Recientemente, el Señor habló a mi corazón acerca de un asunto difícil. *Sí, Señor, tienes razón*, respondí. *Necesito hacer eso*. Pero no me levanté muy temprano a la mañana siguiente, me propuse aplazar esperando el tiempo apropiado para hacerlo. Lo que se me pidió hacer era difícil, y no quería hacerlo. Estaba mirando a mis circunstancias, no poniendo mis ojos en Jesús. Carecía de la fe de que Dios iría delante de mí y proveería un «carnero» para mi situación.

¡Qué privilegiados somos de tener en las Escrituras historia tras historia de seres humanos falibles que llegaron a ser parte de la historia de la salvación, porque aprendieron a confiar en la fidelidad de Dios! Que nosotros sigamos su ejemplo de heroica fe para levantarnos temprano a la mañana siguiente y partir, confiando en Dios.

La fe no es un acto de una sola vez, sino una continua mirada del corazón al trino Dios.[4]

A.W. Tozer

Fortalezca su fe

Seleccionen un pasaje de este capítulo que les inspire a seguir un heroico ejemplo de fe. Escríbanlo aquí de su versión favorita en sus propias palabras, o personalícenlo con su nombre. Durante toda la semana mediten en su pasaje y oren por él para que sea una manera de fortalecer su confianza en la fidelidad de Dios.

❧Pasaje para memorizar

Hebreos 11.1-2 o el versículo o versículos que escogieron para fortalecer su fe.

CAPÍTULO 11

Cómo Guardar la Fe

Mantengamos firme, sin fluctuar, la profesión de
nuestra esperanza, porque fiel es el que prometió.
Hebreos 10.23

Una vez más podemos caer en la incredulidad, en la duda y en la desilusión, porque hemos sujetado nuestra fe a una bendición y la bendición se ha perdido, o a una experiencia y la experiencia se desvanece, o a una persona y la persona falla. Pero la verdadera fe no descansa en una bendición aunque sea grande, o en una experiencia aunque sea profunda, sino en Él a través de quien vinieron, ni descansa en ningún humano ejemplo de victoria aunque sea sincero, sino en el victorioso.[1]

Ruth Paxton

*L*legar a ser una mujer de fe involucra crecer en la seguridad de que Dios es fiel. A medida que su Espíritu nos capacite para participar de su naturaleza divina, nuestra fe llevará fruto. Pablo hizo una lista del fruto del Espíritu en su carta a los Gálatas (5.22-23), pero Pedro también nos da una lista de siete frutos de la fe. Estos frutos maduran por «añadir» a nuestra fe y «guardarla» bien. Estamos rodeados por una gran nube de testigos que han ido antes que nosotros, y es una bendición saber que finalizaron su carrera declarando su fe. Ciertamente podemos asirnos rápidamente a nuestra esperanza, porque nuestro Dios es fiel en toda forma.

Hay que asirse rápido

1. B.C. Caffin comentaba: «La fe, dice San Agustín, es la raíz y la madre de todas las virtudes; San Pedro dice lo mismo».[2] Lea el cómo enfoca Pedro las virtudes de la fe en 2 Pedro 1.1-11.

   a. ¿Sobre qué bases nos exhorta Pedro a «añadir» a nuestra fe?

   b. Haga una lista de las cualidades que los cristianos deben añadir a su fe.

   c. ¿Cómo nos ayudarán estas virtudes a profundizar nuestro conocimiento del Señor?

2. Estas gracias que deben ser suministradas a nuestra fe han sido comparadas con una sinfonía. Ellas hacen una hermosa música juntas; no debe intentarse cultivarlas solas. ¿Cómo ve la importancia de su relación la una a la otra?

Si estamos produciendo el fruto séptuple que brota de la raíz de nuestra fe, podemos estar seguros de que nuestra fe es verdadera y viva... La vida de obediencia y la diligencia espiritual tienden a profundizar continuamente la conciencia de que el poder divino está con nosotros, dándonos todas las cosas necesarias para la vida y la piedad, haciendo así de nuestro llamamiento una elección segura.[3]

B. C. Caffin

---

3. Judas, el hermano de Jesús, escribió una poderosa epístola animándonos a luchar por la fe contra la impiedad de los falsos maestros.

a. Resuma su descripción de estos «burladores» (vv. 3-4, 16-19).

b. ¿Cuál fue el consejo de Judas para continuar en la fe (vv.20-23)?

Dios nos sostiene

4. Cuando nos damos cuenta cuán comprometido está Dios con nosotros, se hace más fácil asirse rápido a nuestra esperanza con confianza. ¿Cómo expresan estos versículos la fidelidad de Dios?

a. 1 Tesalonicenses 5.23-24

b. 2 Tesalonicenses 3.3

c. 2 Timoteo 2.11-13

5. Los que construyeron sobre el fundamento de su fe hicieron increíbles afirmaciones de su confianza en Dios. Lea los siguientes versículos y escriba las declaraciones que estos individuos hicieron.

a. Ester 4.15-16 (la reina Ester se preparaba para desafiar la ley del reino acercándose al rey sin ser anunciada ni invitada, para implorarle por su pueblo).

b. Job 13.15 (Job perdió a sus hijos, sirvientes y ganado, y sufrió de dolorosas llagas).

c. Salmo 73.25-26 (Asaf estaba desanimado por la prosperidad de los malos, porque su vida era de sufrimiento y de dolor. Cuando entró en el santuario de Dios ganó una perspectiva eterna).

d. Daniel 3.17-18 (Sadrac, Mesac y Abed-Nego rehusaron inclinarse y adorar una imagen de oro, a pesar de la amenaza de muerte en un horno de fuego).

e. Habacuc 3.17-19 (el profeta Habacuc cuestionó a Dios respecto al malvado Judá, y en respuesta Dios le reveló que el justo por la fe vivirá; Habacuc terminó sus escritos con un himno de fe).

f. Si usted conoce de otras declaraciones en las Escrituras, añádalas a esta lista, escribiéndolas a continuación.

Fe es la inexpresable confianza en Dios, confianza que nunca se imagina que Él no permanecerá con nosotros.[4]

Oswald Chambers

---

6. Los héroes en Hebreos 11 y otros registrados en las Escrituras tenían un firme asidero en su fe. Mientras piensan retrospectivamente en este estudio, escriban en oración su declaración de fe, de manera que cuando sean tentadas o probadas, puedan recordar su deseo de honrar a Dios y de permanecer firmes en su fe.

Reflexión de la autora

Mientras escribo esto ha habido dos grandes tragedias aéreas recientemente. Una gran aeronave con cientos de personas a bordo, inexplicablemente clavó su nariz y se estrelló en el océano, y también un avión más pequeño cayó bajo extrañas circunstancias, matando a un popular golfista. Estuve interesada en leer los periódicos para seguir las opiniones y especulaciones respecto a por qué estos aviones se estrellaron, puesto que vuelan frecuentemente. Podía imaginar fácilmente lo que hubiera sido estar en esos aviones.

Después de estas tragedias comencé a dudar de mi decisión de hacer un vuelo de tres horas a México en un avión monomotor. Tenía que hablar en una conferencia misionera allí, y un amigo que era piloto misionero, iba a llevarnos a Jack y a mí a Chihuahua.

En ese momento me encontraba en la mitad del trabajo escribiendo *Cómo ser una mujer de Fe*. El Señor parecía estarme diciendo:

—Cynthia, fe es subirse a ese avión y confiar en mí por el resultado.

—Sí, Señor, pero ¿cuál es el resultado?

—Cynthia, recuerda que la fe concierne a lo eterno, no a lo temporal. La verdadera fe descansa en mi fidelidad.

Así que una vez más, declaré mi fe: «Señor, esta es tu vida. He orado y sé que es tu voluntad que haga este viaje. Sé que tú siempre estás conmigo como mi escudo, y sé que te agrada cuando completamente me abandono en ti. Mis circunstancias al final no importan; lo que importa es mi profunda confianza en ti como mi amante Padre. Sé que deseas probar mi fe para que pueda llegar a ser lo suficientemente profunda para traerte alabanza, honor y gloria a la revelación de Jesucristo. Mi corazón está puesto en lo eterno, así que decidiré caminar, volar, correr, esperar y descansar por fe. Fortaléceme para poner mis ojos en Jesús, a fin de que al final de mi vida pueda decir con Pablo: "he peleado la buena batalla, he acabado la carrera, he guardado la fe"».

Oh Padre, que la semilla de mostaza de mi fe eche raíces profundas para que pueda soportar pacientemente las pruebas que encontraré. Que su tronco sea fuerte y robusto para desviar los ataques de Satanás. Que este árbol de la fe florezca en mi corazón a fin de que no haya espacio ni para la duda ni para el temor. Que sus ramas produzcan fruto que testifique de tu fidelidad. Que otros puedan ver que este árbol es fortalecido para cumplir su misión de fe. Señor, fortalece mi fe y hazla genuina para que sus hojas puedan brillar como oro puro. Que mi fe, que es preciosa para ti, te brinde alabanza y gloria y honra. Amén.

Fortalezca su fe

Seleccionen un pasaje de este capítulo que les anime a mantener creciendo su fe. Escríbanlo ya sea en sus propias palabras, personalícenlo con su nombre o como una palabra especial del Señor para usted. Durante toda esta semana mediten en su versículo y oren que les ayude a echar profundas raíces como una mujer de fe.

❧Pasaje para memorizar

Hebreos 10.23 o el versículo o versículos que escogieron para fortalecer su fe.

$\mathcal{N}$OTAS

Capítulo 1: La fidelidad de Dios

1. A.W.Tozer, *The Knowledge of the Holy*, Harper & Row, New York, 1961, p.87.
2. Spiros Zodhiates, ed., *The Hebrew-Greek Key Study Bible*, World Bible Publishers, Iowa Falls, 1998, p.1579.
3. Tozer, *The Knowledge of the Holy*, p.87.
4. Jerry Bridges, *Trusting God*, NavPress, Colorado Springs, 1988, pp.197-98.
5. Charles H. Spurgeon, *The Treasury of David, Volume II* MacDonald, n.d., McLean,VA, p.32.

Capítulo 2: La duda metódica

1. Paul E. Little, *Know Why You Believe*, Victor Books, Wheaton, IL, 1979, p.17.
2. E.R. Conder y W. Clarkson, in *The Pulpit Commentary*, ed. H.C.M. Spence y Joseph S. Excell, Hendrickson, n.d., Peabody, MA, 23:215.
3. Donald Cole, *Thirsting for God*, Crossway Books, Westchester, IL, 1986, p.133.
4. Matthew Henry, *Commentary on the Whole Bible*, Riverside, n.d., Iowa Falls, 5:207-8.
5. G.K.Chesterton, *Orthodoxy*, Harold Shaw, Wheaton, IL, 1994, xiii.

Capítulo 3: El regalo de Dios

1. R.M. Edgar, en *The Pulpit Commentary*, 20:86.
2. Oswald Chambers, en *The Oswald Chambers Daily Devotional Bible* Thomas Nelson, Nashville, 1992, lectura 128.
3. J.Radford Thomson, en *The Pulpit Commentary*, 18:22.
4. Henry, *Commentary on the Whole Bible*, 6:393.
5. Lidie H. Edmunds, *My Faith Has Found a Resting Place*, en *Hymns for the Family of God*, Paragon Associates,Nashville, 1976, p.75.

Capítulo 4: La fe en acción

1. A.W. Tozer, *The Pursuit of God*, Christian Publications, Camp Hill, PA, 1982, pp.93-94.
2. Henry, *Commentary on the Whole Bible*, 4:947.
3. Chambers, *Oswald Chambers Daily Devotional Bible*, lectura 222.

Capítulo 5: Caminar por fe

1. Henry, *Commentary on the Whole Bible*, 6:619-20.
2. Buell H. Kazee, *Faith is the Victory*, Crescendo Book Publications, Dallas, TX, 1972, p.21.
3. Albert Barnes, *Notes on the New Testament*, Baker, Grand Rapids, 1998, 12.94.
4. J. Orr, en *The Pulpit Commentary*, 5:144.
5. Vuelto a contar con permiso, de un seminario que Lorne Sanny dio en Foenix, Arizona, octubre de 1999.

Capítulo 6: El escudo de la fe

1. Barnes, *Notes on the New Testament*, 12:130.
2. E.W. Hengstenberg, en *The Pulpit Commentary*, 4.335.

3. William Gurnall, *The Christian in Complete Armour*, Banner of Truth, Carlisle, PA, 1986, 1:66.
4. Barnes, *Notes on the New Testament*, 12:131.
5. John Henry Jowett, citado en *Closer Walk* (Walk Thru the Bible Ministries, 18 de mayo 1989).

Capítulo 7: La prueba de la fe

1. Kazee, *Faith Is the Victory*, p.167.
2. Oswald Chambers, *My Utmost for His Highest* Westwood, Barbour & Co., NJ, 1935, 29 de agosto.
3. B.C. Caffin, en *The Pulpit Commentary*, 22:16.17.
4. A. Lukyn Williams, en *The Pulpit Commentary*, 15:535.
5. Gurnall, *The Cristian in Complete Armour*, 1.120-21.
6. Chambers, *My Utmost for His Highest*, 31 de octubre.

Capítulo 8: Fe y oración

1. S.D. Gordon, *Five Laws That Govern Prayer*, Fleming H. Revell, New York, 1925, p.92.
2. R.A. Torrey, *The Power of Prayer*, Zondervan, Grand Rapids, MI, 1971, p.127.
3. C. Samuel Storms, *Reaching God's Ear*, Tyndale, Wheaton, IL, 1988, pp.123-25.
4. *Íbid.*

Capítulo 9: La obra de la fe

1. C.S. Lewis, *Mere Christianity*, Macmillan, New York, 1952, p.129.
2. *Íbid.*
3. W.G. Blaikie, en *The Pulpit Commentary*, 20:64.

4. Henry, *Commentary on the Whole Bible*, 5:645-55.
5. Spiros Zodhiates, *The Complete Word Study New Testament*, AMG Publishers, Chattanooga, TN, 1991, p.755.
6. Charles Spurgeon, *Morning and Evening*, ed. Roy H. Clarke Thomas Nelson, Nashville, 21 de noviembre de 1994.
7. Barnes, *Notes on the New Testament*, 12:286.

Capítulo 10: Héroes de la fe
1. Tozer, *Pursuit of God*, pp.87-88.
2. F.B. Meyer, *Pulpit Legends: Patriarchs of the Faith*, AMG Publishers, Chatanooga, TN, 1995, p.13.
3. W. Jones, en *The Pulpit Commentary*, 21:373.
4. Tozer, *Pursuits of God*, p.90.

Capítulo 11: Cómo guardar la fe
1. Ruth Paxton, *Life on the Highest Plane*, Moody Press, Chicago, 1928, p.72.
2. B.C. Caffin, en *The Pulpit Commentary*, 22:178.
3. *Íbid*.
4. Chambers, *My Utmost for His Highest*, 29 de agosto.